Die Kontaktgrill Bibel

himmlische Rezeptideen für Fleisch, Fisch, Sandwiches & weitere Beilagen

1. Auflage

ISBN- 9781717709721

Inhaltsverzeichnis

Einleitung

Zum Sommer gehören viele Dinge – Blumen, frische und warme Luft und der rauchige Duft vom Grill. Grillen ist nicht nur eine Art und Weise satt zu werden, sondern ein ganzer Kult, der viele Feinheiten enthält. Man hat jedoch nicht immer die Zeit oder die Lust, sich stundenlang hinzustellen, die Kohle zum Glühen zu bringen und diese wieder wegzuräumen. Dafür wurde aber auch eine Lösung gefunden: mithilfe des Kontaktgrills können Sie ohne großen Aufwand und jederzeit gesunde und leckere Speisen auf den Tisch zu bringen.

Um die Benutzung besonders erfreulich zu gestalten, sollten Sie die Pflegehinweise befolgen, die in der Anleitung angeführt werden. Achten Sie beispielsweise darauf, die Oberfläche mit schonenden Mitteln zu reinigen und diese nicht zu verkratzen, da die Antihaftbeschichtung ansonsten nicht mehr vernünftig nicht funktioniert. Verwenden Sie ebenso immer Öl, um die Kontaktfläche zu schützen und optimale Ergebnisse zu erreichen.

Grillen ist nicht nur eine einzigartige Methode, aromatisches Essen zuzubereiten, sondern auch sehr gesund. Gerade bei Fleisch mit höherem Fettgehalt wird das Fett reduziert, indem es „ausgekocht“ wird. Es muss sich jedoch nicht unbedingt um fleischlastige Speisen handeln – auch Vegetarier sind mit einem Kontaktgrill bestens versorgt. Gemüse vom Grill, Snacks, Vorspeisen sowie vieles mehr können Sie mithilfe vom Kontaktgrill jederzeit genießen. Dafür müssen Sie nicht mehr extra zum Ferienhaus, an den See oder sonst wo hinzufahren, wenn Sie gerade nicht in der Laune dafür sind. Gemütliche Grillabende auf dem Balkon sind somit nicht nur durchaus möglich, sondern auch brandschutztechnisch ungefährlich.

Natürlich gibt es gewisse Utensilien, die man immer gebrauchen kann, wenn's ans Eingemachte geht. Dazu gehören unter anderem:

- Grillzange
- Ein Küchenhandschuh
- Alufolie
- Öl (unterschiedlich je nach Rezept)

Benutzen Sie, wenn Sie mithilfe einer Gabel oder eines Löffels etwas wenden wollen, immer Holzzubehör, da Sie damit diverse Beschädigungen von Anfang an vermeiden können.

Achten Sie bei der Wahl der Lebensmittel stets auf eine gute Qualität. Gerade, wenn Sie für ein Rezept frisch geriebene Schale von Zitronen oder Limetten verwenden, sollte diese Bio-Qualität aufweisen, da sich besonders viele Schadstoffe in der Schale sammeln. Auch bei Kräutern sollten Sie frische Kräuter bevorzugen, da sie besonders aromatisch sind und die Rezepte von ihrer besten Seite präsentieren.

In diesem Buch finden Sie die unterschiedlichsten Speisen für Ihren Kontaktgrill: es sind sowohl einfache als auch etwas aufwendigere Gerichte enthalten, sodass Sie sich aussuchen können, wie Sie Ihren Grill einsetzen. Entdecken Sie die Möglichkeiten dieses praktischen Helfers und werden Sie zu einem wahren Grillmeister!

Snacks und Vorspeisen

Gegrillte Auberginen

Dauer: 25 Minuten | Portionen: 4

Zutaten:

- Auberginen – 3 Stück
- Knoblauch – 2 Zehen
- Olivenöl – 2 EL
- Zitronensaft – 1-2 EL
- Salz, Pfeffer nach Geschmack

Zubereitung:

1. Waschen und schneiden Sie die Auberginen in längliche, ca. 2 cm dicke Scheiben. Bestreuen Sie diese mit etwas Salz und lassen Sie die Auberginen ca. 10 Minuten lang ziehen.
2. Schälen Sie die Knoblauchzehen und pressen Sie diese. Vermischen Sie den Knoblauch mit dem Öl sowie dem Zitronensaft.
3. Marinieren Sie die Auberginen in dem Öl für ca. 5 Minuten. Heizen Sie den Grill vor. Legen Sie die Auberginen auf den Grill und grillen Sie diese von beiden Seiten ca. 5-7 Minuten.
4. Schneiden Sie die Scheiben in mundgerechte Stücke. Sie können sie in Form von Antipasti mit etwas Brot servieren.

Zucchini im Speckmantel

Dauer: 15 Minuten | Portionen: 4

Zutaten:

- Zucchini – 1 große
- Baconstreifen – 100 g
- Olivenöl – 2 EL
- Salz, Pfeffer – nach Geschmack
- Zahnstocher

Zubereitung:

1. Waschen und schneiden Sie die Zucchini in dicke Stifte. Salzen Sie diese und lassen Sie sie ca. 10 Minuten lang ziehen. Pfeffern Sie die Zucchini nach Geschmack.
2. Rollen Sie die Zucchinistifte in einzelne Speckstreifen ein und befestigen Sie den Röllchen mit einem Zahnstocher.
3. Heizen Sie den Grill vor und verteilen Sie etwas Öl auf der Kontaktfläche. Grillen Sie die Röllchen von allen Seiten, bis der Speck goldbraun ist.

Gefüllte Champignons

Dauer: 20 Minuten | Portionen: 4

Zutaten:

- Champignons – 400 g
- Geriebener Käse – 100 g
- Salz, Pfeffer – nach Geschmack
- Zwiebel – 1 kleine
- Petersilie – frisch, 3-4 Stengel
- Olivenöl – 2 EL

Zubereitung:

1. Waschen Sie die Pilze, nehmen Sie die Stiele heraus. Hacken Sie die Stiele klein und legen Sie diese in eine Schüssel. Schälen Sie die Zwiebel, hacken Sie diese ebenso klein und vermischen Sie diese mit den Pilzstielen.
2. Geben Sie zu der Zwiebel-Pilz-Mischung den Käse hinzu. Füllen Sie die Pilze mit der Mischung. Heizen Sie den Grill vor und ölen Sie die Kontaktfläche vorher ein. Grillen Sie die Pilze solange, bis sie saftig sind und der Käse geschmolzen ist. Hacken Sie die Petersilie klein und bestreuen Sie damit die Champignons vor dem Servieren. Salzen und pfeffern Sie die Pilze nach Geschmack.

Notizen & Ideen

Bunte Paprika-Antipasti mit Dip

Dauer: 25 Minuten | Portionen: 4

Zutaten:

- Paprika – 1 rote, 1 gelbe
- Zitronensaft – 3 EL
- Weißweinessig – 2 EL
- Olivenöl – 3 EL
- Salz, Pfeffer – nach Geschmack
- Magerquark – 200 ml
- Knoblauch – 2 Zehen
- Frische Kräuter (z.B. Petersilie, Dill, Schnittlauch) – ca. 5-6 Stengel

Zubereitung:

1. Waschen Sie die Paprika und vierteln Sie diese. Vermischen Sie Zitronensaft, Weißweinessig und Olivenöl zu einer homogenen Flüssigkeit. Legen Sie die Paprika in der Marinade ein und lassen Sie diese im Kühlschrank mindestens 20 Minuten lang ziehen.
2. Heizen Sie den Grill vor und ölen Sie die Grillflächen ein. Grillen Sie die marinierten Paprikaviertel solange, bis sich grilltypische Streifen bilden.
3. Nehmen Sie die Paprika vom Grill und schneiden Sie diese in mundgerechte Stücke. Legen Sie die Streifen auf einem flachen Teller aus und lassen Sie diese abkühlen.
4. Hacken Sie die Kräuter klein und vermengen Sie diese zusammen mit dem Quark, pressen Sie die Knoblauchzehen aus und vermischen Sie alles gut. Servieren Sie die gegrillten Paprika-Antipasti mit dem Kräuter-Quark-Dip.

Tomate-Mozzarella-Snack

Dauer: 15 Minuten | Portionen: 4

Zutaten:

- Tomaten – 3 große
- Mozzarella – 1 Laib
- Frischer Basilikum – eine Handvoll
- Salz, Pfeffer – nach Geschmack
- Olivenöl – 2 EL

Zubereitung:

1. Waschen Sie die Tomaten und schneiden Sie diese in ca. 2-3 cm dicke Scheiben. Tropfen Sie die Mozzarella ab und schneiden Sie auch diese in ähnlich dicke Scheiben. Für einen intensiveren Geschmack ist Büffel- oder Ziegenmilchmozzarella empfehlenswert; Kuhmilchmozzarella hat einen geringeren Eigengeschmack.
2. Heizen Sie den Grill vor und ölen Sie die Kontaktfläche ein. Legen Sie die Tomatenscheiben auf einer Alufolie aus und belegen Sie jede mit einer Scheibe Mozzarella.
3. Decken Sie alles mit Alufolie zu und grillen Sie alles, bis die Mozzarella geschmolzen und die Tomaten weich sind.
4. Nehmen Sie den Snack aus der Alufolie und salzen sowie pfeffern Sie das Gericht. Hacken Sie das Basilikum klein und bestreuen Sie damit die Vorspeise.

Bruschetta mit Tomaten-Oliven-Belag

Dauer: 15 Minuten | Portionen: 4

Zutaten:

- Weißbrot – 4 Scheiben
- Grüne Oliven – 100 g, ohne Steine
- Tomaten – 2 große
- Knoblauch – 1-2 Zehen
- Zwiebel – eine kleine, rot
- Schnittlauch – eine Handvoll
- Basilikum – eine Handvoll
- Olivenöl – 3-4 EL
- Salz, Pfeffer – nach Geschmack

Zubereitung:

1. Waschen und schneiden Sie die Tomaten in kleine Würfel. Schälen und schneiden Sie die Zwiebel ebenso in kleine Würfel. Hacken Sie die Oliven klein. Vermischen Sie alle Zutaten.
2. Schälen und pressen Sie den Knoblauch aus. Vermischen Sie diesen mit dem Olivenöl, salzen und pfeffern Sie die Mischung. Bestreichen Sie damit das Bruschetta-Brot.
3. Heizen Sie den Grill vor und grillen Sie die Brotscheiben von beiden Seiten, bis sie knusprig sind.
4. Belegen Sie die Brotscheiben mit der Tomaten-Zwiebel-Oliven-Mischung. Hacken Sie das Basilikum und den Schnittlauch klein und bestreuen Sie damit die Vorspeise. Pfeffern und salzen Sie die Bruschetta nach Geschmack.

Notizen & Ideen

Gegrillter Tofu

Dauer: 30 Minuten | Portionen: 4

Zutaten:

- Tofu – ca. 350 g
- Austernsoße – 2 EL
- Sojasoße – 2 EL
- Reisessig – 1 EL
- Etwas Chili – nach Geschmack
- Sesamöl – 2 EL

Zubereitung:

1. Tropfen Sie den Tofu ab und schneiden Sie diesen in Scheiben. Vermischen Sie Austernsoße, Sojasoße sowie Reisessig und Chili zu einer Marinade und legen Sie die Scheiben darin für mindestens 15 Minuten ein.
2. Heizen Sie den Grill vor und ölen Sie diesen gut ein. Grillen Sie die Tofuscheiben, bis sie fester sind und typische Grillstreifen aufweisen.
3. Für einen intensiveren Geschmack können Sie sich für geräucherten Tofu entscheiden, einen milderen Geschmack erzielen Sie mit naturbelassenem Tofu. Servieren Sie den Snack mit etwas Sojasoße oder Wasabi nach Geschmack.

Sandwich mit Käse und Hähnchen

Portionen: 4 | Dauer: 15- 20 Minuten

Zutaten:

- Toastbrotscheiben – 8 Stück
- Parmesan – 60 g
- gekochte Hähnchenbrust – 240 g
- Mozzarella – 60 g
- Marinarasoße – 60 ml
- frisches Basilikum – 16 Blätter Ein Schuss Öl (Oliven- oder Sonnenblumenöl)

Zubereitung:

1. Kontaktgrill vorheizen.
2. Hähnchenbrust vorkochen, falls ötig.
3. Vier Toastscheiben mit der Marinadesoße, Käse, Hähnchenbrust und Basilikum belegen.
4. Die restlichen vier Toastscheiben oben drauflegen. Die Sandwiches oben und unten mit Öl bestreichen.
5. Sandwiches für 2-3 Minuten in den Kontaktgrill legen, bis der Käse geschmolzen und die Hähnchenbrust durch ist.
6. Die Sandwiches in Hälften oder Dreiecke schneiden und heiß genießen.

Sandwich mit Käse, Paprika und Pesto

Portionen: 4 | Dauer: 15 Minuten

Zutaten:

- Toastbrot – 8 Scheiben
- Rote Paprika – 1 Stück
- Käse – 4 Scheiben
- Mozzarella (gerieben) – 100 g
- Pesto (grün oder rot) – nach Geschmack
- Sonnenblumen- oder Olivenöl

Zubereitung:

1. Die Paprika vorbereiten und in Stück schneiden. Paprikastücke einölen und vorgrillen.
2. Toastscheiben mit Pesto bestreichen. Auf vier Toastscheiben eine Scheibe Käse, ein Stück Paprika und zwei Esslöffel Mozzarella legen.
3. Eine weitere Toastscheibe drauflegen. Grill vorheizen und gut einölen.
4. Die Sandwiches für ca. 2-3 Minuten auf dem Grill tausten, bis das Toast goldbraun und der Käse vollständig geschmolzen ist

Notizen & Ideen

Salate

Warmer Zucchini-Ziegenkäse-Salat

Dauer: 25 Minuten | Portionen: 2

Zutaten:

- Salat – 1 Kopf
- Rucola – 2 Handvoll
- Ziegenkäse – 100 g
- Zucchini – 2 mittelgroße
- Salz, Pfeffer – nach Geschmack
- Olivenöl – 8 EL
- Balsamico-Essig – 4 EL
- Senf, mittelscharf – 1 EL
- Honig, flüssig – 1 EL

Zubereitung:

1. Waschen Sie die Salatblätter sowie Rucola und zupfen Sie diese in mundgerechte Stücke. Waschen und schneiden Sie die Zucchini in längliche Scheiben. Schneiden Sie den Ziegenkäse in kleine Würfel.
2. Heizen Sie den Grill vor. Bestreichen Sie die Zucchinischeiben mit Olivenöl, salzen und pfeffern Sie diese nach Geschmack. Grillen Sie die Zucchini, bis sich grilltypische Streifen bilden. Schneiden Sie die Zucchini in mundgerechte Stücke.
3. Vermischen Sie in einer Schüssel die Salatblätter, Rucola, Ziegenkäse sowie noch heiße Zucchini. Vermischen Sie 8 EL Olivenöl, Balsamico, Honig sowie Senf zum Vinaigrette-Dressing und geben Sie diesen zum Salat dazu, vermischen Sie alles.
4. Servieren Sie den Salat, solange die Zucchini noch warm sind, da der Ziegenkäse dadurch etwas schmilzt.

Salat aus gegrillten Tomaten und Gorgonzola

Dauer: 20 Minuten | Portionen: 4

Zutaten:

- Tomaten – 3 Stück
- Gorgonzola – 100 g
- Roma-Salat – 1 Kopf
- Balsamico – 2 EL
- Olivenöl – 4 EL
- Basilikum – eine Handvoll
- Salz, Pfeffer – nach Geschmack
- Croutons – 1 Handvoll
- Pinienkerne – 2-3 EL

Zubereitung:

1. Schneiden Sie die Tomaten in Scheiben. Heizen Sie den Grill vor und geben Sie etwas Öl auf die Kontaktfläche. Legen Sie darauf die Tomatenscheiben und grillen Sie diese von beiden Seiten, bis sie grilltypische Streifen aufweisen.
2. Waschen Sie den Roma-Salat und rupfen Sie diesen in mundgerechte Stücke. Hacken Sie das Basilikum klein, vermischen Sie dieses mit Olivenöl, Balsamico sowie Salz und Pfeffer.
3. Schneiden Sie die Tomatenscheiben in mundgerechte Stücke, vermischen Sie in einer Schüssel Salatblätter, Tomaten, Gorgonzola sowie das Balsamico-Basilikum-Öl-Dressing in einer Schüssel.
4. Rösten Sie die Pinienkerne in der Pfanne kurz ohne Öl an. Geben Sie die Croutons sowie die Pinienkerne über den Salat.

Salat mit gegrillter Hähnchenbrust und Joghurt-Dressing

Dauer: 30 Minuten | Portionen: 2

Zutaten:

- Hähnchenbrustfilets – 2 Stück
- Feldsalat – 100 g
- Roma-Salat – 100 g
- Rucola – 100 g
- Joghurt – 100 ml
- Knoblauch – 1 Zehe
- Salz, Pfeffer – nach Geschmack
- Honig – 1 EL
- Olivenöl – 2 EL
- Zitronensaft – 2 EL
- Basilikum – eine Handvoll, frisch
- Sonnenblumenkerne – 2 El, nach Geschmack

Zubereitung:

1. Hacken Sie das Basilikum klein. Spülen Sie die Hähnchenbrustfilets kurz ab. Legen Sie diese in einen Gefrierbeutel und geben Sie Zitronensaft, etwas Olivenöl sowie Basilikum hinzu. Lassen Sie das Fleisch ca. 20 Minuten lang ziehen.
2. Vermischen Sie Joghurt, Honig, Öl sowie gepressten Knoblauch zu einem Joghurt-Dressing. Waschen und rupfen Sie den Salat in mundgerechte Stücke. Vermischen Sie alle Salatblätter in einer Schüssel.
3. Heizen Sie den Grill vor, geben Sie darauf etwas Olivenöl. Grillen Sie die Hähnchenbrustfilets, bis sich grilltypische Streifen zeigen. Schneiden Sie diese in mundgerechte Stücke und geben Sie die Hähnchenstücke zum Salat hinzu. Sie können je nach Wunsch einige geröstete Sonnenblumenkerne auf den fertigen Salat streuen.

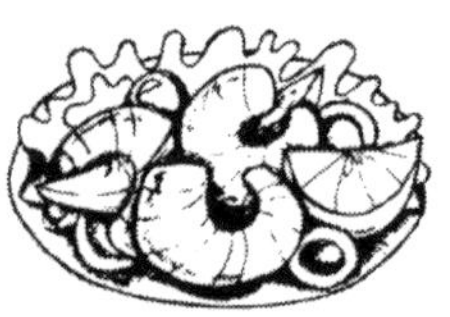

Notizen & Ideen

Garnelensalat mit Cocktailsoße

Dauer: 20 Minuten | Portionen: 4

Zutaten:

- Garnelen – 300 g
- Ketchup – 1 EL
- Feldsalat – 200 g
- Rucola – 100 g
- Mayo oder Miracel Whipp – 1 EL
- Orangensaft – 150 ml
- Meerrettich – 1 TL
- Weißweinessig – 1 TL
- Salz, Pfeffer – nach Geschmack
- Weinbrand – 1 Schuss
- Olivenöl – 2 EL
- Zitronensaft – 2 EL

Zubereitung:

1. Legen Sie die Garnelen in einen Gefrierbeutel und marinieren Sie diese mit Zitronensaft und Olivenöl sowie ein bisschen Salz und Pfeffer. Lassen Sie die Garnelen ca. 15 Minuten lang ziehen.
2. Vermengen Sie Ketchup, Mayo, Orangensaft, Meerrettich, Weißweinessig sowie Weinbrand zu einem Cocktail-Dressing.
3. Heizen Sie den Grill vor. Grillen Sie die Garnelen ca. 5 Minuten lang. Waschen Sie den Salat und rupfen Sie diesen in mundgerechte Stücke. Geben Sie diese in eine Schüssel, geben Sie die Garnelen hinzu und ergänzen Sie den Salat mit dem Dressing.

Gegrillter Auberginen-Zucchini-Salat

Dauer: 30 Minuten | Portionen: 4

Zutaten:

- Aubergine – 1 Stück
- Zucchini – 1 Stück
- Feta (aus Ziegenmilch) – 200 g
- Oliven – schwarze, entsteint, 100 g
- Olivenöl – 4 EL
- Basilikum – eine Handvoll
- Rosmarin – frisch, 1-2 Zweige
- Zitronensaft – 2 EL
- Weißweinessig – 2 EL
- Salz, Pfeffer – nach Geschmack

Zubereitung:

1. Waschen und schneiden Sie die Zucchini sowie die Aubergine in Scheiben. Bestreuen Sie diese mit Salz und lassen Sie das Gemüse in einen Gefrierbeutel. Geben Sie etwas Zitronensaft, gehackten Rosmarin, Weißweinessig sowie Olivenöl hinzu.
2. Heizen Sie den Grill vor. Grillen Sie die Scheiben solange, bis sich typische Grillstreifen bilden.
3. Schneiden Sie Feta in Würfel. Schneiden Sie das Gemüse in mundgerechte Stücke und geben Sie alles in eine Schüssel. Geben Sie die Oliven hinzu, geben Sie als Dressing Olivenöl hinzu.
4. Salzen und pfeffern Sie den Salat nach Geschmack. Hacken Sie das Basilikum klein und heben Sie diesen unter den Salat.

Spinat-Putenbrust-Salat

Dauer: 35 Minuten | Portionen: 4

Zutaten:

- Putenbrust – 2 Stück, ca. 300 g
- Frischer Spinat – 1 Bund
- Schlagsahne – 2 EL
- Olivenöl – 9 EL
- Feldsalat – 1 Packung
- Weißweinessig – 2 EL
- Wasser – 2 EL
- Instant Gemüsebrühepulver – 1 EL
- Salz, Pfeffer – nach Geschmack
- Zitronensaft – 3 EL
- Basilikum – frisch, eine Handvoll
- Tomate – 1 Stück
- Rosmarin – 2 Zweige
- Senf, mittelscharf – 2 EL

Zubereitung:

1. Spülen Sie die Putenbrustfilets ab und legen Sie diese in einen Gefrierbeutel. Hacken Sie Rosmarin und Basilikum klein, vermischen Sie 3 EL Olivenöl, Rosmarin, Basilikum, Zitronensaft, Senf sowie Salz und etwas Pfeffer zu einer Marinade. Geben Sie die Marinade zu den Filets, verteilen Sie alles gleichmäßig und lassen Sie alles ca. 20 Minuten lang ziehen. Für einen intensiveren Geschmack können Sie das Fleisch auch über Nacht ziehen lassen.
2. Waschen und putzen Sie den Spinat, rupfen Sie diesen in grobe Stücke. Vermengen Sie 3 EL Olivenöl, Sahne und Wasser sowie Gemüsebrühepulver, dünsten Sie den Spinat darin, bis er eingeht.
3. Waschen Sie den Feldsalat, schneiden Sie die Tomate in mundgerechte Stücke. Geben Sie alles in eine Schüssel, fügen Sie den Spinat hinzu.
4. Heizen Sie den Grill vor. Grillen Sie die Putenbrustfilets, bis sich grilltypische Streifen bilden. Schneiden Sie die Filets in mundgerechte Stücke und geben Sie diese zum Salat hinzu.
5. Vermischen Sie 3 EL Olivenöl und Weißweinessig zu einem Dressing und heben Sie dieses unter den Salat. Salzen und pfeffern Sie das Gericht nach Geschmack.

Salat Caesar

Dauer: 25 Minuten | Portionen: 4

Zutaten:

- Hähnchenbrustfilet – 2 Stück
- Kopfsalat – 1 Kopf
- Zwiebel, rot – 1 Stück
- Oliven – 200 g, ohne Stein, schwarz
- Feta-Käse vom Büffel oder Ziege – 200 g
- Joghurt – 100 ml
- Honig – 1 EL
- Schnittlauch – 1 Bund
- Knoblauch – 2 Zehen
- Paprikapulver – 2 TL
- Salz, Pfeffer – nach Geschmack
- Senf – 2 EL
- Olivenöl – 3 EL

Zubereitung:

6. Legen Sie die Hähnchenbrustfilets in einen Gefrierbeutel und geben Sie Paprikapulver sowie Olivenöl hinzu, vermengen Sie alles gut und lassen Sie das Fleisch 20 Minuten lang ziehen. Sie können es auch über Nacht ziehen lassen, um einen intensiveren Geschmack zu erzeugen.
7. Schneiden Sie den Feta-Käse in Würfel, waschen Sie den Salat und rupfen Sie die Salatblätter in mundgerechte Stücke. Schälen Sie die Zwiebel und schneiden Sie diese in dünne Scheiben. Geben Sie den Salat, Feta-Käse sowie Oliven und Zwiebeln in eine Schüssel.
8. Heizen Sie den Grill vor. Grillen Sie die Filets, bis sie goldbraun sind und grilltypische Streifen aufweisen. Schneiden Sie diese in mundgerechte Stücke und geben Sie diese zu den anderen Zutaten in die Schüssel.
9. Vermengen Sie Joghurt, Honig, eine gepresste Knoblauchzehe, Salz, Pfeffer sowie fein gehackten Schnittlauch zu einem Dressing. Heben Sie das Dressing unter den Salat.

Notizen & Ideen

Frühstück

Pflaumen-Joghurt-Müsli

Dauer: 15 Minuten | Portionen: 2

Zutaten:

- Pflaumen – 300 g
- Joghurt – 200 ml
- Knuspermüsli – 2 Handvoll
- Honig – 3 EL
- Zitronensaft – 3 EL
- Brauner Zucker – 1 TL
- Vanillemark – 1 Schote
- Olivenöl – 2 EL
- Zimt – nach Geschmack

Zubereitung:

1. Kratzen Sie das Vanillemark aus der Schote heraus und vermengen Sie es mit Zitronensaft, Zucker und 1 EL Honig. Waschen Sie die Pflaumen und entfernen Sie die Kerne, schneiden Sie diese in Viertel.
2. Legen Sie die Pflaumen in einen Gefrierbeutel und geben Sie die Marinade hinzu. Schütteln Sie alles gut durch, heizen Sie den Grill vor und ölen Sie die Kontaktfläche gut ein.
3. Grillen Sie die Pflaumen ca. 5 Minuten lang von beiden Seiten. Vermischen Sie Joghurt mit 2 EL Honig.
4. Nehmen Sie zwei Gläser und schichten Sie darin abwechselnd Joghurt, Müsli und die Pflaumen. Sie können nach Geschmack auch etwas Zimt über das Frühstück streuen.

Schinken-Käse-Sandwich

Dauer: 15 Minuten | Portionen: 4

Zutaten:

- Schinken – 4 Scheiben
- Gouda, mittelalt – 4 Scheiben
- Mayo – 1 EL
- Meerrettich – 1 TL
- Salz, Pfeffer – nach Geschmack
- Tomate – 1 Stück
- Sandwichbrot – 8 Scheiben
- Butter – nach Bedarf

Zubereitung:

1. Heizen Sie den Grill vor. Bestreichen Sie die Toastscheiben jeweils von einer Seite mit etwas Mayo und Meerrettich.
2. Belegen Sie vier Brotscheiben mit jeweils einer Scheibe Schinken und Gouda. Schneiden Sie die Tomate in Scheiben und belegen Sie jede Scheibe mit zwei Tomatenscheiben.
3. Lassen Sie auf der Grillfläche etwas Butter zergehen.
4. Salzen und pfeffern Sie den Belag nach Geschmack. Legen Sie eine zweite Scheibe Brot auf das Sandwich und grillen Sie die Sandwiches, bis das Brot goldbraun und der Käse geschmolzen ist.

Notizen & Ideen

Quarkfrühstück mit gegrillten Nektarinen

Dauer: 20 Minuten | Portionen: 2

Zutaten:

- Nektarinen – 300 g
- Magerquark – 300 ml
- Zimt – ½ TL
- Honig – 2 EL
- Brauner Zucker – 1 EL
- Zitronensaft – 1 EL
- Gehackte Mandeln – 4 EL (nach Geschmack)

Zubereitung:

1. Waschen Sie die Nektarinen und scheiden Sie das Fruchtfleisch in mundgerechte Stücke. Vermischen Sie Honig, Zitronensaft, Zimt sowie Zucker zu einer Marinade und legen Sie darin die Nektarinen ein. Lassen Sie diese ca. 10 Minuten lang ziehen.
2. Heizen Sie den Grill vor. Grillen Sie die Nektarinen, bis der Zucker karamellisiert.
3. Geben Sie den Quark in zwei Schüsseln und toppen Sie ihn mit den gegrillten Nektarinen.
4. Bestreuen Sie das Gericht nach Geschmack mit noch etwas Zimt oder klein gehackten Mandeln.

Panini mit Thunfisch und Mais

Dauer: 25 Minuten | Portionen: 4

Zutaten:

- Paninibrot – 4 Stück
- Thunfisch – 1 Dose, in eigenem Saft
- Mais – 1 Dose, abgetropft
- Mayo – 3-4 EL
- Salz, Pfeffer – nach Geschmack
- Parmesan – 30 g, fein gerieben

Zubereitung:

1. Vermischen Sie den Thunfisch und den Mais mit Mayo, Salz und Pfeffer zu einer Masse.
2. Heizen Sie den Grill vor. Bestreichen Sie mit der Thunfisch-Mais-Masse die eine Seite der Brote. Bestreuen Sie den Belag mit etwas Parmesan.
3. Grillen Sie die Panini, bis die Brote goldbraun sind und typische Grillstreifen aufweisen.
4. Halbieren Sie die Panini und servieren Sie diese, solange der Käse noch geschmolzen ist.

Notizen & Ideen

Gegrillte Bacon-Röllchen mit Spiegelei

Dauer: 25 Minuten | Portionen: 4

Zutaten:

- Baconstreifen – 100 g
- Eier – 4 Stück
- Toastbrot – 4 Scheiben
- Gouda, am Stück – 150 g
- Öl oder Butter – nach Bedarf
- Salz, Pfeffer – nach Geschmack

Zubereitung:

1. Schneiden Sie die Gouda in Stifte. Rollen Sie jeden Stift in jeweils einen Baconstreifen ein.
2. Heizen Sie den Grill vor und ölen Sie die Oberfläche mit etwas Olivenöl oder Butter ein. Grillen Sie die Röllchen solange, bis der Speck knusprig und der Käse geschmolzen sind.
3. Erhitzen Sie etwas Öl oder Butter in der Pfanne und braten Sie die Eier.
4. Servieren Sie die Spiegeleier zusammen mit den Bacon-Röllchen, solange der Käse noch geschmolzen ist. Salzen und pfeffern Sie das Gericht nach Geschmack.

Herzhafte Häppchen vom Grill

Dauer: 25 Minuten | Portionen: 4

Zutaten:

- Blätterteig – 1 Dose
- Paprika – 1 Stück, rot
- Schinken – 100 g, am Stück
- Käse – 100 g, am Stück
- Salz, Pfeffer – nach Geschmack
- Rosmarin – 1 Zweig
- Butter – nach Bedarf

Zubereitung:

1. Schneiden Sie den Schinken, Käse sowie die Paprika in gleich große Würfel. Vermengen Sie alle Zutaten in einer Schüssel. Pfeffern und salzen Sie die Mischung nach Geschmack.
2. Hacken Sie den Rosmarin klein und geben Sie diesen in die Schüssel hinzu. Heizen Sie den Grill vor.
3. Rollen Sie den Teig aus und rollen Sie darin die Füllung ein. Sie können beispielsweise Croissants rollen oder auch eine andere Art und Weise wie zum Beispiel Teigtaschen verwenden.
4. Zerlassen Sie etwas Butter auf der Grillfläche und grillen Sie die Teigteilchen, bis der Teig goldbraun und knusprig ist. Servieren Sie die Teilchen, solange der Käse noch geschmolzen ist.

Gegrillte Müslischale

Dauer: 20 Minuten | Portionen: 4

Zutaten:

- Banane – 1 Stück
- Gemischtes Müsli – 300 g
- Joghurt – 200 ml
- Apfelsaft – 200 ml
- Brauner Zucker – 2 EL
- Zimt – 1-2 Prisen, optional
- Vanille – 1 Schote

Zubereitung:

1. Schneiden Sie die Banane in kleine Stücke. Vermischen Sie Joghurt und Apfelsaft zu einer homogenen Masse.
2. Geben Sie die Apfelsaft-Joghurt-Masse in eine Schüssel und geben Sie die Banane sowie das Müsli hinzu. Kratzen Sie das Mark der Vanille heraus und heben Sie es unter die Müslimasse. Lassen Sie alles ca. 10 Minuten lang im Kühlschrank ziehen
3. Heizen Sie den Grill auf mittlere Hitze vor. Geben Sie die Müslimasse in die Alu-Schale und lassen Sie das Müsli ca. 15 Minuten lang auf dem Grill.
4. Bestreuen Sie das Gericht zum Servieren mit etwas Zimt.

Notizen & Ideen

Hauptgerichte

Mit Fleisch

Minutensteaks mit Spitzkohl

Dauer: 20 Minuten | Portionen: 2

Zutaten:

- Minutensteaks vom Rind – 4 Stück
- Spitzkohl – 300 g
- Baharat Gewürzmischung – 2 TL
- Kümmel – 2 Prisen
- Salz, Pfeffer – nach Geschmack
- Wasser – 1-2 EL
- Öl oder Butterschmalz – zum Braten, 2 EL
- Senf – 2 EL
- Rosmarin, Thymian – je zwei Zweige
- Basilikum – eine Handvoll
- Knoblauch – 1 Zehe
- Tabasco – ein Schuss

Zubereitung:

1. Spülen Sie die Minutensteaks kurz ab und legen Sie diese in einen Gefrierbeutel. Geben Sie Senf, eine gepresste Knoblauchzehe, Salz, Pfeffer, gehackten Thymian und Rosmarin sowie einen Schuss Tabasco hinzu und lassen Sie das Fleisch am besten über Nacht ziehen. Für die schnellere Variante reichen auch 20-30 Minuten.
2. Schneiden Sie den Spitzkohl in dünne Streifen. Erhitzen Sie etwas Öl in der Pfanne und braten Sie diesen scharf an. Geben Sie anschließend etwas Wasser sowie Baharat und Kümmel hinzu. Lassen Sie den Kohl dünsten.
3. Heizen Sie den Grill vor. Grillen Sie die Minutensteaks ca. 1-2 Minuten von beiden Seiten.
4. Hacken Sie das Basilikum. Bestreuen Sie die Steaks mit etwas Basilikum und servieren Sie diese mit der Spitzkohlbeilage.

Spareribs vom Grill mit hausgemachter BBQ-Soße

Dauer: 30 Minuten und ca. 8-9 Stunden Vorbereitungszeit | Portionen: 4

Zutaten:

- Apfelsaft – 1 Liter
- Spareribs – 4 Stück
- Meersalz – 160 g
- Dry Rub – 130 g
- Apfelessig – 150 ml
- Räucherspäne – 2 Handvoll

Für die BBQ-Soße:

- Wassermelone – 300 g, ohne Schale
- Zwiebeln, rot – 2 Stück
- Honig – 1 TL
- Ketchup – 5 EL
- Salz, Cayennepfeffer – nach Geschmack

Zubereitung:

1. Vermengen Sie den Apfelsaft, ca. 1,8 Liter Wasser und das Salz in einem Behälter. Rühren Sie solange, bis das Salz sich vollständig aufgelöst hat. Geben Sie die Marinade in einen Gefrierbeutel mit 10 L Fassungsvermögen und legen Sie darin das Fleisch über Nacht ein.
2. Gießen Sie die Marinade ab und reiben Sie die Spareribs trocken. Reiben Sie diese darauf mit Dry Rub ein und lassen Sie die Rippchen ca. 1 Stunde ziehen. Weichen Sie währenddessen schon die Räucherspäne ein.
3. Heizen Sie den Grill vor. Grillen Sie die Rippchen ca. 30 Minuten lang, bis sie gar sind. Wenden Sie diese dabei häufig, damit sie gleichmäßig durchgegart sind.
4. Stellen Sie in der Zeit die BBQ-Soße her: Pürieren Sie in einem Standmixer alle Zutaten zu einer homogenen Flüssigkeit.
5. Stellen Sie die BBQ-Soße in den Kühlschrank und lassen Sie diese ca. 15 Minuten ziehen. Servieren Sie die Spareribs mit der selbstgemachten BBQ-Soße.

Notizen & Ideen

Sirloin vom Grill

Dauer: 30 Minuten und ca. 3 ½ Stunden Garzeit | Portionen: 4

Zutaten:

- Wagyu-Sirloin-Filet – 700 g (ersatzweise Hüftfielt)
- Langpfeffer – 1 TL
- Koriandersaat – 1 TL
- Malabarpfeffer – 1 TL
- Kubebenpfeffer – 1 TL
- Schwarzer Pfeffer – 1 TL
- Olivenöl – 5 EL
- Ahornsirup – 4 EL
- Salz – nach Geschmack

Zubereitung:

1. Erhitzen Sie etwas Öl in der Pfanne und rösten Sie die Pfeffersorten sowie Koriandersaat leicht an. Geben Sie diese anschließend in den Mörser und zerkleinern Sie alles zu einer einheitlichen Gewürzmischung.
2. Nehmen Sie einen kochfesten Beutel zur Hand. Reiben Sie das Fleisch mit 3 EL Olivenöl ein und reiben Sie es mit der Pfeffermischung ein. Bereiten Sie ein Wasserbad vor; es sollte bei ca. 55-60 Grad liegen.
3. Legen Sie den Beutel mit dem Fleisch in das Wasserbad und garen Sie es etwa 3 ½ Stunden. Halten Sie das Wasser warm und überprüfen Sie zwischendurch die Temperatur mit dem Küchenthermometer.
4. Nehmen Sie das Fleisch aus dem Beutel und tupfen Sie überschüssige Flüssigkeit ab. Vermengen Sie Ahornsirup, 2 EL Olivenöl und ½ TL Salz.
5. Bepinseln Sie das Filet mit der Mischung und grillen Sie es auf dem vorgeheizten Grill ca. 30 Minuten lang. Wenden Sie das Filet dabei oft und bepinseln Sie es regelmäßig mit der Sirup-Öl-Mischung.

Hähnchen-Champignon-Spieße

Dauer: 15 Minuten und ca. 2 Stunden Vorbereitungszeit | Portionen: 4

Zutaten:

- Hähnchenfilets – 2 Stück
- Champignons – 200 g
- Sweet Chili Soße – 100 ml
- Salz, Pfeffer – nach Geschmack
- Senf – 2 EL
- Paprikapulver – 1 TL
- Holzspieße – nach Bedarf
- Kräuterbutter – 1-2 EL

Zubereitung:

1. Spülen Sie die Filets ab und schneiden Sie diese in grobe Stücke. Geben Sie diese in einen ausreichend großen Gefrierbeutel und geben Sie Sweet Chili Soße sowie Senf, Salz und Paprikapulver hinzu. Marinieren Sie das Fleisch 1-2 Stunden lang.
2. Waschen Sie die Champignons und entfernen Sie die Stiele. Halbieren Sie die Pilze und legen Sie in die Aushöhlung etwas Kräuterbutter.
3. Nehmen Sie die Spieße zur Hand und stecken Sie darauf abwechselnd Hähnchenstücke sowie Champignons.
4. Heizen Sie den Grill vor und lassen Sie darauf etwas Kräuterbutter zergehen. Grillen Sie die Spieße von allen Seiten, bis das Fleisch gar ist.

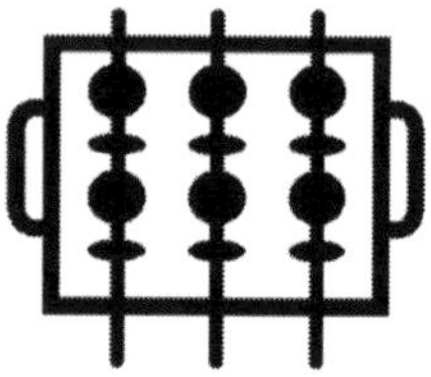

Notizen & Ideen

Hackfleischspieße vom Grill

Dauer: 20 Minuten | Portionen: 4

Zutaten:

- Rinderhackfleisch – 500 g
- Knoblauch – 2 Zehen
- Paniermehl – 100 g
- Zwiebel – 1 Stück
- Senf, mittelscharf – 1 EL
- Paprika, scharf – 1 TL
- Frisch gehackte Minze – 4 TL
- Curry – 1 TL
- Ei – 1 Stück
- Sonnenblumenöl – 4 TL
- Zimt – ½ TL
- Pfeffer, Salz – nach Geschmack
- Grillspieße – 8 Stück

Zubereitung:

1. Schälen Sie die Zwiebel und den Knoblauch. Schneiden Sie die Zwiebel in kleine Würfel. Pressen Sie den Knoblauch aus.
2. Platzieren Sie das Hackfleisch in einer Schüssel und vermischen Sie es mit den restlichen Zutaten bis auf das Sonnenblumenöl. Kneten Sie die Fleischmasse gut durch, damit sich alles gleichmäßig verteilen kann.
3. Unterteilen Sie das Hackfleisch in acht gleich große Portionen und formen Sie diese auf den Spießen zu Würsten.
4. Legen Sie die Spieße auf einer sauberen Oberfläche aus und bepinseln Sie diese von allen Seiten mit Sonnenblumenöl.
5. Heizen Sie den Grill vor und grillen Sie die Spieße solange, bis sie fest sind und typische Grillstreifen aufweisen.

Hamburger mit Rucola und Mozzarella

Dauer: 20 Minuten | Portionen: 4

Zutaten:

- Hackfleisch – 300 g
- Paniermehl – ca. 60 g
- Ei – 1 Stück
- Salz, Pfeffer – nach Geschmack
- Paprikapulver – 1 TL
- Hamburgerbrötchen – 4 Stück
- Tomate – 1 Stück
- Mozzarella – 200 g
- Rucola – eine Handvoll
- Sonnenblumenöl – 4 EL

Für das Joghurt-Dressing:

- Joghurt – 100 ml
- Honig – 1 EL
- Knoblauch – 1 Zehe
- Schnittlauch – ½ Bund, fein gehackt

Zubereitung:

1. Vermengen Sie das Hackfleisch mit dem Ei und Paniermehl sowie Paprikapulver zu einer glatten Masse. Heizen Sie den Grill vor. Formen Sie aus der Fleischmasse vier Burgerfladen und bepinseln Sie diese mit Sonnenblumenöl. Grillen Sie die Burgerfladen solange, bis sich grilltypische Streifen bilden.
2. Vermischen Sie alle Zutaten für das Joghurt-Dressing. Schneiden Sie die Mozzarella sowie die Tomate in Scheiben. Waschen Sie die Rucolablätter.
3. Legen Sie die halbierten Burgerbrötchen auf den Grill, bis sie goldbraun sind.
4. Bestreichen Sie jeweils jede Hälfte mit Joghurt-Dressing, legen Sie darauf einen Burgerfladen, eine Mozzarellascheibe, Tomatenscheiben und einige Rucolablätter. Sie können den Burger nach Wunsch mit einem Holzspießfixieren.

Notizen & Ideen

Linguine mit gegrillten Putenfilets, Spinat und Gorgonzola

Dauer: 20 Minuten | Portionen: 4

Zutaten:

- Putenbrust – 2 Stück, ca. 300 g
- Frischer Spinat – 1 Bund
- Schlagsahne – 2 EL
- Olivenöl – 9 EL
- Wasser – 2 EL
- Salz, Pfeffer – nach Geschmack
- Basilikum – frisch, eine Handvoll
- Gorgonzola – 150 g
- Linguine – 200 g
- Rosmarin – 2 Zweige
- Senf, mittelscharf – 2 EL

Zubereitung:

1. Spülen Sie die Putenfilets ab und legen Sie diese in einen Gefrierbeutel. Hacken Sie Rosmarin fein und geben Sie es zusammen mit 3 EL Olivenöl dazu. Lassen Sie das Fleisch am besten über Nacht oder zumindest 1-2 Stunden ziehen.
2. Heizen Sie den Grill vor. Grillen Sie die Putenbrustfilets, bis sich typische Grillstreifen bilden.
3. Kochen Sie die Linguine wie in der Packungsanleitung vorgegeben.
4. Waschen und rupfen Sie den Spinat. Lassen Sie diesen in Sahne, 3 EL Olivenöl und Wasser langsam einkochen. Geben Sie Gorgonzola hinzu und lassen Sie alles zusammen etwa 5 Minuten lang bei kleiner Hitze köcheln.
5. Geben Sie die Linguine in die Teller und übergießen Sie jeweils jede Portion mit der Spinat-Gorgonzola-Mischung. Legen Sie in mundgerechte Stücke geschnittene Filets oben drauf. Hacken Sie Basilikum klein und bestreuen Sie damit die Portionen.

Pizza vom Grill

Portion: 2 | Dauer 45 min

Zutaten:

- Pizzateig – 1 Stück
- Tomatensoße – 1 Glas
- Rinderhackfleisch – 400 g
- Senf – 2 EL
- Salat (klein gerissen) – 1 Glas
- Tomate (in Scheiben geschnitten) – 1 Stück
- Salz – eine Prise
- Pfeffer – eine Prise
- Gewürzgurken (in Scheiben geschnitten) – ½ Glas
- Zwiebeln (in Streifen geschnitten) – 1 Stück
- Cheddar (gerieben) – 1 Glas
- Mozzarella (gerieben) – 1 Glas
- Olivenöl

Zubereitung:

1. Den Grill vorheizen und die Grillplatten gut einölen.
2. Aus Hackfleisch drei gleich große Frikadellen formen und auf den Grill legen. Dann ca. 5 Minuten lang grillen lassen.
3. Währenddessen Tomatensoße und Senf vermischen und den Teig damit bestreichen. Den Teig anschließend mit Salat und Tomaten belegen. Salzen und pfeffern nach Geschmack.
4. Fertige Frikadellen schneiden und auf die Tomaten legen. Darüber Zwiebeln, Gurken und Käse geben.
5. Die Pizza auf mehrere Schichten Alufolie platzieren und auf den Grill legen. Ca. 12-15 Minuten lang grillen lassen, bis der Teig goldbraun und der Käse geschmolzen ist.

Notizen & Ideen

Gegrillte Rinderroulade

Portionen: 4-5 | Dauer: 50 Minuten

Zutaten:

- Rinderrouladen – 700 g
- Cheddarkäse – 70 g
- Paprika – 1 Stück
- Basilikum – 10 Blätter
-
- Für die Soße:
- Zwiebel – 80 g
- Bacon – 70 g
- Kaffee, stark – 150 ml
- Sahne 33% - 120 ml
- Tomatensoße oder Ketchup – 2 EL
- Senf – 2 EL
- Worcestershiresauce – 2 EL
- Honig – 1 EL

Zubereitung:

1. Für die Soße schälen Sie zuerst die Zwiebel in kleine Würfel. Braten Sie die Zwiebelwürfel sowie Bacon zusammen, bis der Bacon knusprig ist.
2. Fügen Sie darauf Kaffee, Sahne, Worcestershiresauce, Senf, Ketchup und Honig hinzu. Lassen Sie das Ganze ca. 3-5 Minuten köcheln. Nehmen Sie die Soße vom Herd und pürieren Sie alle Zutaten,
3. Ölen Sie die Platten gut ein. Waschen und entkernen Sie die Paprika, schneiden Sie sie in Hälften. Legen Sie die Paprika auf den Grill und warten Sie, bis Sie typische Grillstreifen erreicht haben. Nehmen Sie die Paprika vom Grill und entfernen Sie die Haut.
4. Schneiden Sie die Rinderrouladen der Länge nach, aber nicht komplett, sondern wie ein „Buch“. Die Stücke müssen miteinander verbunden bleiben. Geben Sie in die Mitte der Rinderrouladen etwas Senf, Salz und Pfeffer.
5. Schneiden Sie die Paprika in kleine Stücke und legen Sie diese in die Rinderrouladen. Rollen Sie die Rouladen zusammen.
6. Erhitzen Sie den Grill auf ca. 200 Grad und lassen Sie die Rouladen ca. 20 Minuten lang drin. Holen Sie diese heraus und wickeln sie in Alufolie ein. Legen Sie die Rouladen erneut in den Grill und lassen sie weitere 10 Minuten drin.
7. Servieren Sie die fertigen Rouladen mit der Soße.

Cordon Bleu vom Grill

Portionen: 6 | Dauer: 25 Minuten

Zutaten:

- Hähnchenbrustfilet – 6 Stück (ca. 600 g)
- Schinken – 6 Scheiben
- Käse (Gouda oder Tilsiter) – 6 Scheiben
- Paniermehl – ¾ Glas
- Olivenöl – 3 EL
- Salz und Pfeffer

Zubereitung:

1. Hähnchenbrustfilets mit einem Fleischklopfer auf ca. 0,6 cm Dicke klopfen. In die Mitte von jedem Filet eine Scheibe Käse und eine Scheibe Schinken legen. Verbinden Sie die Ränder der Filets in der Mitte und befestigen Sie diese mit Zahnstochern.
2. In einen flachen Teller Paniermehl geben und nach Geschmack salzen und pfeffern. Den Grill vorheizen und die Platten ein wenig einölen.
3. Die Hähnchenbrustfilets einölen und in Paniermehl panieren. Die Filets auf den Grill legen und ca. 15-18 Minuten lang grillen.

Notizen & Ideen

Burger & Panini

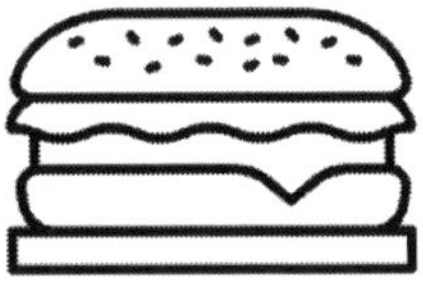

Pork Burger

Portionen: 4 | Dauer: 60 Minuten

Zutaten:

- Schweinenacken am Stück – 1200 g
- Burger-Brötchen – 4 Stück
- Ahornsirup – 2 EL
- Apfelsaft – 250 ml
- Apfelessig – 3 EL
- Gewürzmischung
- Salz und Pfeffer nach Geschmack

Zubereitung:

1. Die Gewürzmischung mit dem Ahornsirup vermischen und darin das Fleisch marinieren. (Legen Sie das Fleisch in einen Gefrierbeutel, verschließen Sie diesen gut und lassen Sie das Fleisch 12 Stunden ziehen. Je länger Sie das Fleisch marinieren, desto intensiver wird der Geschmack am Ende).
2. Vermischen Sie den Apfelsaft mit Essig und geben Sie die Mischung in einen Bräter. Achten Sie darauf, dass der Bräter für den Ofen geeignet ist und beispielsweise keinen Plastikgriff hat, der für den Backofen nicht vorgesehen ist. Heizen Sie den Backofen auf 120 Grad Ober-/Unterhitze vor.
3. Legen Sie das Fleisch in den Bräter, decken Sie es mit einem Deckel ab und lassen Sie es für 3,5 Stunden im Backofen. Anschließend den Deckel vom Bräter nehmen und das Fleisch weitere 30-60 Minuten im Backofen ziehen lassen. Wenn Sie überprüfen wollen, ob das Fleisch fertig ist, können Sie es mit zwei Gabeln an einer Stelle leicht auseinanderziehen. Wenn es Ihnen Mühelos gelingt, ist es fertig.
4. Nehmen Sie vier Burger-Brötchen und rösten Sie diese leicht auf dem Grill an.
5. Geben Sie das Pulled Pork darüber und belegen Sie dann nach Geschmack mit Gurken, Tomaten, Zwiebeln etc.

Classic Cheeseburger

Portionen: 4 | Dauer: 40 Minuten

Zutaten:

- Burger-Brötchen – 4 Stück
- Rinderhack – 600 g
- Scheibenkäse – 4 Scheiben
- Rote Zwiebel – 1 Stück
- Salzgurke – 1 Stück
- Tomate – 1 Stück
- Öl – 2 EL
- Butter – 1 EL
- Scharfer Senf – 4 TL
- Ketchup – 4 EL
- Salz und Pfeffer nach Geschmack

Zubereitung:

1. Das Hackfleisch mit Salz und Pfeffer würzen. Um die Masse etwas aufzustocken und die Patties weniger bröselig zu machen, können zwei eingeweichte Toastbrotscheiben und ein Ei in die Fleischmasse eingearbeitet werden.
2. Formen Sie vier Frikadellen und lassen Sie diese 20 Minuten abkühlen. In der Zwischenzeit Zwiebeln schneiden und abtropfen lassen.
3. Schneiden Sie die Gurke und Tomate in gleichmäßige, dünne Scheiben.
4. Heizen Sie den Grill vor und ölen Sie die Oberfläche ein.
5. Grillen Sie die Frikadellen, bis sie typische Grillstreifen annehmen. Wenden Sie diese, wenn Sie gut angeröstet sind.
6. Halbieren Sie die Brötchen und grillen diese etwas an, damit sie goldbraun werden.
7. Bestreichen Sie die Brötchen mit Senf und Ketchup. Belegen Sie jeweils ein Brötchen mit einer Frikadelle, Gurken- und Tomatenscheiben.
8. Legen Sie die Käsescheibe auf das Fleisch, solange es noch heiß ist, damit der Käse schmelzen kann.
9. Burger schließen und fertig.

Tofu Burger

Portionen: 2 | Dauer: 30 Minuten

Zutaten:

- Vollkorn Hamburgerbrötchen – 2 Stück
- Tofu – 250 g
- Kürbis – ca. 200g
- Frühlingszwiebeln – 2 Stück
- Knoblauch – 1 Zehe
- Olivenöl – 1 ½ EL
- Ahornsirup – 2 EL
- Weißweinessig – 1 EL
- Getrocknete Chilischote – 1 Stück
- Salz, Pfeffer
- Ingwer – ca. 20 g
- Joghurt-Salatcreme – 2 EL
- Tomate – 1 Stück
- Salatblätter – 2 große
- Sesam – 2 TL

Zubereitung:

1. Den Kürbis schälen unddas Fruchtfleisch in mittlere, gleichgroße Würfel schneiden.
2. Waschen Sie die Frühlingszwiebeln und schälen Sie den Knoblauch. Hacken Sie alles fein.
3. Braten Sie die Frühlingszwiebeln und Knoblauch leicht an. Passen Sie beim Braten auf, die Mischung verbrennt schnell, stellen Sie das Feuer nicht zu heiß. Fügen Sie Ahornsirup und Essig hinzu, lassen Sie alles ein bisschen garen, damit die Zwiebeln und Knoblauch das Aroma aufnehmen können.
4. Geben Sie den Kürbis mit in die Pfanne und braten Sie die Stücke, bis sie bissfest sind. Passen Sie auf, dass sie nicht zu weich werden. Geben Sie etwas Salz und Pfeffer hinzu und lassen Sie alles für ca. 12 Minuten braten.
5. Reiben Sie den Ingwer und würzen Sie damit die Salatcreme. Waschen und schneiden Sie den Salat und die Tomaten in mundgerechte Stücke.
6. Halbieren Sie die Burgerbrötchen und rösten Sie diese leicht am Grill an. Schneiden Sie Tofu in gleichgroße Scheiben und grillen Sie diese ca. 2-3 Minuten lang. Wenden Sie diese zwischendurch, damit sie nicht anbrennen.
7. Geben Sie die Kürbismasse, Joghurt-Ingwercreme und Salat mit Tomaten auf die untere Hälfte des Brötchens. Legen Sie die Tofuscheiben oben drauf. Klappen Sie die beiden Hälften zusammen.

Notizen & Ideen

Tomaten und Rucola Panini

Portionen: 4 | Dauer: 20 Minuten

Zutaten:

- Ciabatta-Brot – 1 Stück
- Mozzarella – 200 g
- Rucola – 1 Bund
- Basilikum – 1 Bund
- Knoblauch – 1 Zehe
- Mandeln – 25 g
- Parmesan – 25 g
- Olivenöl – 6 EL
- Flaschentomaten – 400 g
- Balsamico – 2 EL
- Salz und Pfeffer nach Geschmack

Zubereitung:

1. Vermengen Sie die Basilikumblätter, den Knoblauch, die Mandeln, Parmesan, Salz und Pfeffer zu einer glatten Masse in einem Mixer.
2. Waschen und trocknen Sie die Rucolablätter. Entfernen Sie überschüssige Stiele. Schneiden Sie die Tomaten sowie Mozzarella in Scheiben.
3. Schneiden Sie das Ciabatta-Brot in vier Stücke. Halbieren Sie diese und erhitzen Sie die Brothälften auf dem Grill, bis sie goldbraun und knusprig sind.
4. Tragen Sie das Pesto als Grundlage auf und belegen Sie die Brote dann mit den restlichen Zutaten.

Salami, Mozzarella und Avocado Panini

Portionen: 2 | Dauer: 20 Minuten

Zutaten:

- Ciabatta – 1 Stück
- Spanische Salami – 8 Stück
- Mozzarella – 1 Kugel
- Avocado – 1 Stück
- Salz und Pfeffer

Zubereitung:

1. Ciabatta in Hälften schneiden und nach Geschmack mit Butter bestreichen. Anschließend mit Salami belegen.
2. Schälen und entkernen Sie die Avocado. Schneiden Sie diese in gleichmäßige Scheiben und verteilen sie auf dem Brot. Schneiden Sie auch Mozzarella in Scheiben und belegen mit diesen das Ciabatta.
3. Heizen Sie die Grillplatten vor.
4. Grillen Sie die fertig belegte Ciabatta solange, bis sie typische Grillstreifen bekommt und der Käse vollständig geschmolzen ist.

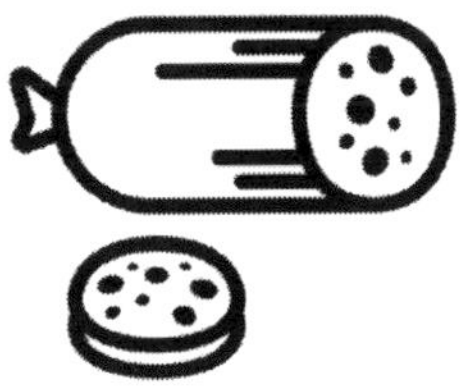

Thunfisch-Mayo Sandwich

Portionen: 2 | Dauer: 20 Minuten

Zutaten:

- Panini – 2 Stück
- Scheibenkäse – 4 Scheiben
- Thunfisch – ½ Dose
- Mayo – 2 EL
- Salat – einige Blätter
- Salz und Pfeffer nach Geschmack

Zubereitung:

1. Vermischen Sie den Thunfisch mit Mayo und den Gewürzen. Halbieren Sie außerdemdie Panini.
2. Bestreichen Sie die Panini mit der Thunfischmasse und legen Sie Salatblätter und Scheibenkäse drauf.
3. Heizen Sie den Grill vor.
4. Grillen Sie die Panini solange, bis der Käse geschmolzen ist und sich auf dem Brot typische Grillstreifen gebildet haben.

Notizen & Ideen

Mit Fisch

Gegrillte Forelle mit Kräuterfüllung

Dauer: 40 Minuten | Portionen: 4

Zutaten:

- Forellen – 4 Stück a 300 g
- Glatte Petersilie – ½ Bund
- Zitronenmelisse – 1 Zweig
- Rosmarin – 1 Zweig
- Trockener Weißwein – 3 EL
- Olivenöl – 3 EL
- Knoblauchzehen – 3 Zehen
- Zitrone – 1 Stück
- Salz, Pfeffer – nach Geschmack

Zubereitung:

1. Schälen und schneiden Sie die Zwiebeln in kleine Würfel, hacken Sie die Knoblauchzehen klein. Erhitzen Sie etwas Öl in der Pfanne und braten Sie die Zwiebeln zusammen mit dem Knoblauch glasig an.
2. Löschen Sie alles mit Weißwein ab und lassen Sie die Zwiebel sowie den Knoblauch etwas köcheln. Würzen Sie die Füllung mit fein gehackten Kräutern, Salz und Pfeffer.
3. Spülen Sie die Forellen ab und tupfen Sie diese trocken. Füllen Sie die Fische mit der Kräuterfüllung und salzen sowie pfeffern Sie die Forellen.
4. Heizen Sie den Grill vor. Bepinseln Sie die Forellen mit etwas Olivenöl. Grillen Sie die Fische solange, bis sich typische Grillstreifen bilden und das Fleisch noch nicht auseinanderfällt.
5. Vierteln Sie die Zitrone und servieren Sie jede Forelle mit jeweils einem Zitronenviertel. Besprenkeln Sie die Fische mit dem Zitronensaft kurz vor dem Verzehr.

Gegrillter Curry-Lachs mit Mango-Gurkensalat

Dauer: 20 Minuten | Portionen: 4

Zutaten:

- Lachsfilet – 600 g
- Curry – ½ EL
- Salz – ½ EL
- Limettensaft – 2 EL
- Olivenöl – nach Bedarf
- Pfeffer – nach Geschmack
- **Für den Salat:**
- Gurke – 1 Stück
- Mango – 1 Stück
- Frühlingszwiebel – 2 Stück
- Chilischote – 1 Stück, rot
- Salz, Zucker – je eine Prise
- Olivenöl – 2 EL

Zubereitung:

1. Vermengen Sie das Salz mit dem Currypulver. Spülen Sie den Lachs kurz ab und tupfen Sie diesen trocken. Heizen Sie den Grill vor.
2. Bestreichen Sie die Filets mit etwas Olivenöl und grillen Sie den Lachs von beiden Seiten bis er gar ist. Bestreuen Sie diesen dabei regelmäßig mit der Salz-Curry-Mischung.
3. Schälen Sie die Gurke sowie die Mango. Halbieren Sie die Gurke und befreien Sie diese vom Kerngehäuse. Schneiden Sie sowohl die Gurke als auch die Mango in ähnlich große Würfel.
4. Putzen Sie die Frühlingszwiebeln und hacken Sie diese klein. Entkernen Sie die Chilischote und entkernen Sie diese ebenso. Hacken Sie die Chilischote fein.
5. Vermischen Sie in einer Schüssel die restlichen Zutaten für den Salat und heben Sie die Gurken- und die Mangowürfel sowie das Chili und die Frühlingszwiebeln unter das Dressing.
6. Stellen Sie den Salat kalt und lassen Sie diesen ca. 15-20 Minuten ziehen, solange der Lachs auf dem Grill ist.
7. Beträufeln Sie den Lachs zum Servieren mit etwas Zitronensaft und servieren Sie diesen mit dem Mango-Gurken-Salat.

Notizen & Ideen

Gegrillter Kabeljau mit Kräutersalat und Kapernmayonnaise

Dauer: 30 Minuten | Portionen: 4

Zutaten:

- Kabeljaufilets – 4 Stück, a 180 g
- Thymian – 2 Zweige
- Oregano – 2 Zweige
- Salz, Pfeffer – nach Geschmack

Für den Salat:

- Rote Zwiebeln – 4 Stück
- Apfel – 1 Stück
- Rucola – 2 Handvoll
- Dill – ½ Bund
- Petersilie – ½ Bund
- Olivenöl – nach Bedarf

Für die Kapernmayonnaise:

- Eigelb – 1 Stück
- ¼ TL Salz
- Dijon Senf – 1 TL
- Weißweinessig – 1 TL
- Rapsöl – 150 ml
- Kapern – 50 g
- Salz, Pfeffer – nach Geschmack

Zubereitung:

1. Vermischen Sie alle Zutaten in einer kleinen Schale, hacken Sie die Kapern vorher klein. Heben Sie anschließend das Öl unter und rühren Sie solange, bis sich eine homogene Masse ergibt. Schmecken Sie die Mayonnaise mit Salz und Pfeffer ab,
2. Salat: Zwiebeln schälen und in ca. 1 cm dicke Scheiben. Schälen Sie den Apfel und schneiden Sie diesen in Würfel.
3. Vermsichen Sie alle Zutaten für den Salat in einer Schüssel, sparen Sie die Zwiebeln vorerst aus.
4. Spülen Sie die Kabeljaufilets ab und tupfen Sie diese trocken. Bepinseln Sie die Filets mit etwas Öl.
5. Hacken Sie die Kräuter für den Kabeljau klein, salzen und pfeffern Sie die Filets nach Geschmack. Legen Sie den Fisch auf den Grill und lassen Sie diesen grillen, bis sich typische Grillstreifen gebildet haben.
6. Grillen Sie nebenher die Zwiebelscheiben ca. 5 Minuten. Geben Sie diese zum Salat hinzu..

Scharfe Dorade vom Grill

Dauer: 30 Minuten | Portionen: 4

Zutaten:

- Doraden – 4 Stück, ganz
- Zitrone – 2 Stück
- Olivenöl – 100 ml
- Para Peixe (portugiesische Piri-Piri-Fischmarinade) – 20 ml
- Dill – 1 Bund
- Grobes Meersalz – 1 Tasse
- Pfeffer – nach Geschmack
- Butter – 50 g
- Rote Paprika – 4 Stück

Zubereitung:

1. Spülen Sie die Doraden ab und tupfen Sie diese trocken. Hacken Sie den Dill klein. Bestreichen Sie die Fische sowohl von innen als auch von außen mit der Piri-Piri-Marinade und viel Olivenöl. Umgeben Sie die Fische mit einer Salzkruste, diese sollte an dem Öl kleben bleiben.
2. Vermengen Sie den Dill mit der Butter. Füllen Sie die Fische mit der Kräuterbutter sowie jeweils zwei Zitronenspalten. Heizen Sie den Grill vor und grillen Sie die Fische ca. 10-15 Minuten lang.
3. Schneiden Sie die Paprika in Spalten, bestreichen Sie diese mit etwas Olivenöl und grillen Sie die Spalten, bis sich Bläschen entwickeln.
4. Servieren Sie die Doraden mit Paprikabeilage. Sie können die Doraden nach Wunsch mit etwas Zitronensaft beträufeln.

Notizen & Ideen

Gegrillter Kabeljau mit Speck

Dauer: 40 Minuten | Portionen: 4

Zutaten:

- Kabeljaufilet – 4 Stück a 180 g
- Bacon – 4 Scheiben
- Butter – 40 g
- Petersilie, gehackt – 2 EL
- Rosmarin – 1 Zweig
- Zitronensaft – ½ Zitrone, gepresst
- Salz, Pfeffer – nach Geschmack

Zubereitung:

1. Bereiten Sie Alufoliezuschnitte mit der Größe 40x40 cm vor. Bestreichen Sie diese mit etwas Butter sowie etwas gehackter Petersilie. Spülen Sie die Filets ab und tupfen Sie diese trocken.
2. Braten Sie in einer Pfanne die Baconstreifen mit etwas Öl knusprig an.
3. Legen Sie die Filets auf die Zuschnitte und geben Sie noch einige Butterflöckchen, gehackten Rosmarin sowie Salz und Pfeffer auf den Fisch. Legen Sie auf jedes Filet jeweils einen Baconstreifen.
4. Falten Sie die Zuschnitte oben zusammen. Heizen Sie den Grill vor und lassen Sie die Filets ca. 10-15 Minuten lang grillen.
5. Beträufeln Sie die Filets vor dem Servieren mit etwas Zitronensaft.

Marinierte Calamari vom Grill

Dauer: 20 Minuten (+ Marinierzeit) | Portionen: 4

Zutaten:

- Calamari – 4 Filets
- Austernsoße – 2 EL
- Sojasoße – 2 EL
- Chiliflocken – ¼ TL
- Zucker – 1 Prise
- Salz, Pfeffer – nach Geschmack
- Sesamöl – 50 ml

Zubereitung:

1. Spülen Sie die Calamari ab und tupfen Sie diese trocken.
2. Vermengen Sie in einer Schüssel Austernsoße, Sojasoße, Chiliflocken sowie Zucker, Salz und Pfeffer sowie 2-3 EL Sesamöl.
3. Geben Sie die Calamari zusammen mit der Marinade in einen Gefrierbeutel und lassen Sie diese ziehen. Je länger Sie die Calamari ziehen lassen, desto intensiver wird der Geschmack.
4. Heizen Sie den Grill vor. Bepinseln Sie die Calamari mit etwas Sesamöl und grillen Sie diese ca. 10 Minuten lang, bis das Fleisch weicher geworden ist und sich typische Grillstreifen gebildet haben.

Notizen & Ideen

Vegetarisch

Gegrillter Mangold

Dauer: 20 Minuten (+ Marinierzeit) | Portionen: 4

Zutaten:

- Mangold – 1 Bund
- Bio-Orange – 1 Stück
- Salz, Pfeffer – nach Geschmack
- Olivenöl – 2-3 EL

Zubereitung:

1. Waschen Sie den Mangold, putzen Sie diesen und schneiden Sie das Gemüse in zwei Hälften.
2. Waschen Sie die Orange und reiben Sie die Schale ab. Pressen Sie den Saft aus.
3. Bepinseln Sie die Schnittflächen des Mangolds mit Orangensaft und bestreuen Sie diesen mit geriebener Orangenschale. Salzen und pfeffern Sie den Mangold nach Geschmack. Lassen Sie diesen ca. 10-20 Minuten lang ziehen.
4. Heizen Sie den Grill vor. Ölen Sie die Kontaktfläche gut ein. Grillen Sie den Mangold solange, bis er leicht einfällt und sich typische Grillstreifen bilden.

Gegrillter Spargel

Dauer: 40 Minuten | Portionen: 4

Zutaten:

- Spargel, weiß – 500 g
- Spargel, grün – 300 g
- Zitrone – 1 Scheibe
- Salz – nach Geschmack
- Zucker – 1 Prise
- **Für die Marinade:**
- Frühlingszwiebeln, fein gehackt – 3 EL
- Getrocknete Tomaten – 30 g
- Weißwein, trocken – 1-2 EL
- Olivenöl – 4 EL
- Estragon – 1 EL
- Pfeffer, Salz – nach Geschmack

Zubereitung:

1. Schälen Sie den Spargel mit dem dafür vorgesehenen Schäler von oben nach unten.
2. Wasser erhitzen: Wenn das Wasser zu köcheln anfängt, geben Sie Zucker, Salz und eine Zitronenscheibe hinzu. Geben Sie den weißen Spargel in kochendes Wasser und kochen Sie diesen ca. 6-8 Minuten.
3. Geben Sie in den letzten paar Minuten den grünen Spargel hinzu und kochen Sie diesen 2-3 Minuten mit.
4. Wenn der Spargel fertig ist, tropfen Sie diesen ab und halbieren Sie ihn. Legen Sie ihn in eine längliche Form.
5. Marinade: legen Sie die getrockneten Tomaten in warmem Wasser ein und lassen Sie diese ca. 10 Minuten lang ziehen. Hacken Sie diese anschließend in kleine Stückchen.
6. Frühlingszwiebeln in feine Ringe schneiden. Vermengen Sie alle Zutaten für die Marinade in einer kleinen Schüssel. Geben Sie ca. 5-6 EL Spargelfond hinzu.
7. Geben Sie die Marinade über den Spargel, decken Sie den Behälter mit Frischhaltefolie zu und lassen Sie alles ca. 1 Stunde im Kühlschrank ziehen.
8. Grillen Sie zunächst eine Minute lang den weißen Spargel, geben Sie anschließend den grünen hinzu.
9. Nehmen Sie den Spargel vom Grill und beträufeln Sie diesen mit etwas Marinade.

Gegrillter Salat mit Parmesan und Granatapfel

Dauer: 20 Minuten | Portionen: 2

Zutaten:

- Roma-Salat – 2 Köpfe
- Parmesan – 40 g
- Granatapfelkerne – 2 EL
- Pfeffer, Salz – nach Geschmack
- **Für die Vinaigrette:**
- Himbeeressig – 2 EL
- Olivenöl – 1 EL
- Senf – 1 TL
- Salz, Pfeffer – nach Geschmack

Zubereitung:

1. Waschen Sie die Salatköpfe und halbieren Sie diese. Heizen Sie den Grill vor. Rösten Sie die Schnittflächen ca. 3-4 Minuten lang an. Die Temperatur sollte nicht zu hoch zu sein, da der Salat hitzeempfindlich ist.
2. Drehen Sie die Salathälften anschließend um und bestreuen Sie die Schnittflächen mit Parmesan.
3. Grillen Sie den Salat ca. 10 Minuten lang weiter, bis der Parmesan schmilzt. Grillen Sie den Salat nicht zu lange, da er ansonsten zu trocken wird.
4. Vermengen Sie alle Zutaten für die Vinaigrette. Beträufeln Sie die Salatherzen mit etwas Vinaigrette und einigen Granatapfelkernen. Salzen und pfeffern Sie das Gericht nach Geschmack.

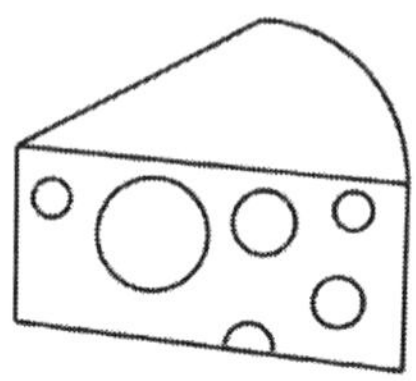

Notizen & Ideen

Gegrillter Tofu auf Tomaten-Avocado-Salat

Dauer: 35 Minuten | Portionen: 4

Zutaten:

- Olivenöl – 3 EL
- Avocado – 1 Stück
- Tomaten – 6 Stück
- Limettensaft – 1 EL
- Aceto Balsamico – 2 EL
- Tofu – 4 Scheiben a 120 g
- Rote Zwiebel – 1 Stück
- Klare Brühe – 3 EL
- Basilikum – eine Handvoll
- Salz, Pfeffer – nach Geschmack
- Sojasoße – 4 EL
- Kräutermischung »Kräuter de Provance« - nach Geschmack

Zubereitung:

1. Besprenkeln Sie die Tofuscheiben mit Sojasoße und lassen Sie diesen ca. 10 Minuten lang ziehen.
2. Halbieren und entsteinen Sie die Avocado, schälen Sie diese und schneiden Sie das Fruchtfleisch in Scheiben.
3. Waschen und schneiden Sie die Tomaten in mundgerechte Stücke. Schälen Sie die Zwiebel und schneiden Sie diese in dünne Scheiben.
4. Vermengen Sie die Gemüsebrühe, Balsamico sowie 2 EL Olivenöl zu einem Dressing und vermischen Sie es mit den Tomaten, Avocadostreifen und Zwiebeln.
5. Bestreichen Sie die Tofuscheiben mit Olivenöl und würzen Sie diese mit der Kräutermischung. Heizen Sie den Grill vor und grillen Sie die Tofuscheiben von beiden Seiten ca. 4 Minuten lang.
6. Verteilen Sie den Salat auf Teller und legen Sie jeweils eine Scheibe Tofu auf den Salat. Salzen und pfeffern Sie das Gericht nach Geschmack.

Tomaten-Schafskäse-Päckchen

Dauer: 20 Minuten | Portionen: 2

Zutaten:

- Schafskäse – 200 g
- Basilikum – eine Handvoll
- Pfeffer (aus der Mühle!) – nach Geschmack
- Rosmarin – 1 Zweig
- Thymian – 1 Zweig
- Salz – nach Geschmack
- Tomaten – 2 Stück
- Tabasco – ein Schuss, nach Geschmack

Zubereitung:

1. Bereiten Sie zwei Alufoliezuschnitte vor.
2. Waschen und schneiden Sie die Tomaten in ca. 1 cm dicke Scheiben.
3. Hacken Sie den Rosmarin sowie den Thymian fein. Schneiden Sie grob die Basilikumblätter.
4. Platzieren Sie auf der Alufolie einige Tomatenscheiben, darauf ein Stück Feta. Bestreuen Sie den Käse mit frisch gehackten Kräutern und geben Sie einen Schuss Tabasco hinzu.
5. Verschließen Sie die Alupäckchen und heizen Sie den Grill vor. Grillen Sie diese ca. 10 Minuten lang, bis der Käse etwas weich geworden ist.

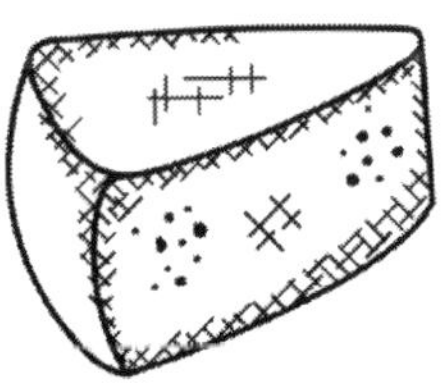

Gegrillte Süßkartoffeln mit Kräuterfüllung

Dauer: 45 Minuten | Portionen: 2

Zutaten:

- Süßkartoffeln – 2 Stück
- Petersilie – ½ Bund
- Dill – ½ Bund
- Thymian – 1 Zweig
- Rosmarin – 1 Zweig
- Zitronenschale, gerieben – 1 TL
- Basilikum – 1 Handvoll
- Salz, Pfeffer – nach Geschmack
- Parmesan – 40 g, gerieben

Zubereitung:

1. Waschen Sie die Süßkartoffeln und kochen Sie diese etwas vor, bis sie noch bissfest sind.
2. Machen Sie eine Aushöhlung in der Kartoffel. Hacken Sie Thymian, Basilikum, Dill sowie Petersilie klein. Vermengen Sie den Inhalt der ausgehöhlten Kartoffeln sowie die Kräuter und die Zitronenschale zu einer einheitlichen Masse.
3. Füllen Sie die Kartoffeln mit der Kräutermasse und legen Sie diese auf Alufolienzuschnitte. Bestreuen Sie diese mit Parmesan und wickeln Sie die Kartoffeln in Alufolie ein.
4. Heizen Sie den Grill vor und grillen Sie die Kartoffeln ca. 15-20 Minuten lang, bis sie weich sind und der Käse geschmolzen ist.

Notizen & Ideen

Gegrillte Avocado mit Feta-Tomaten-Salat

Dauer: 20 Minuten | Portionen: 2

Zutaten:

- Avocado – 2 Stück
- Feta – 100 g
- Tomaten – 3 Stück
- Oliven, schwarz, ohne Stein – 100 g
- Rote Zwiebel – 1 Stück
- Zitronensaft – 2 EL
- Weißweinessig – 2 EL
- Olivenöl – 3 EL
- Salz, Pfeffer – nach Geschmack
- Origano – 1 Zweig
- Thymian – 1 Zweig

Zubereitung:

1. Halbieren Sie die Avocado und entfernen Sie den Stein. Bepinseln Sie die Schnittflächen mit Olivenöl, salzen und pfeffern Sie die Avocado nach Geschmack.
2. Hacken Sie Origano und Thymian fein. Heizen Sie den Grill vor. Bestreuen Sie die Schnittfläche der Avocados mit den Kräutern und grillen Sie diese ca. 5 Minuten lang.
3. Schneiden Sie Feta sowie die Tomaten in mundgerechte Stücke. Schälen und schneiden Sie die Zwiebel in dünne Scheiben.
4. Vermengen Sie 2 EL Olivenöl, Balsamico sowie Zitronensaft zu einem Dressing. Verteilen Sie Tomaten, Oliven und Zwiebeln auf Tellern und besprenkeln Sie diese mit dem Dressing.
5. Platzieren Sie oben drauf die Avocado und füllen Sie die Mitte mit etwas Tomaten-Feta-Salat.
6. Schmecken Sie das Gericht mit etwas Zitronensaft und Pfeffer ab.

Gegrillte Auberginen mit Couscous-Füllung

Dauer: 35 Minuten | Portionen: 2

Zutaten:

- Auberginen – 2 Stück
- Couscous – 100 g
- Tomaten – 2 Stück
- Zitronensaft – 4 EL
- Olivenöl – 4 EL
- Knoblauch – 2 Zehen
- Thymian – 1 Zweig
- Rosmarin – 1 Zweig
- Kümmel, ganz – 1 TL
- Salz, Pfeffer – nach Geschmack

Zubereitung:

1. Kochen Sie den Couscous wie auf der Packungsanleitung angegeben. Schneiden Sie die Tomaten in kleine Würfel. Vermischen Sie Couscous, Zitronensaft, Tomaten sowie gepressten Knoblauch mit Kümmel, fein gehacktem Thymian und Rosmarin.
2. Erhitzen Sie etwas Wasser in einem Topf auf und kochen Sie darin die Auberginen, bis sie etwas weicher werden. Etwa 5-7 Minuten reichen.
3. Schneiden Sie die Auberginen in der Mitte an und füllen Sie diese mit der Couscous-Mischung.
4. Heizen Sie den Grill vor und ölen Sie die Kontaktfläche gut ein. Wickeln Sie die Auberginen in Alufolie ein und grillen Sie diese ca. 10-15 Minuten lang.
5. Zum Servieren können sie eine Handvoll frisch gehackten Basilikum über die Auberginen streuen.

Vegetarische Kohlrouladen

Dauer: 55 Minuten | Portionen: 4

Zutaten:

- Weißkohl – 1 Kopf
- Kartoffeln – 400 g
- Zwiebeln – 4 Stück
- Butter – 2 EL
- Olivenöl – 5 EL
- Parmesan – 30 g
- Salz, Pfeffer – nach Geschmack
- Muskat – ¼ TL

Zubereitung:

1. Schälen und schneiden Sie die Kartoffeln in grobe Stücke. Kochen Sie diese weich. Gießen Sie das Wasser ab und zerstampfen Sie die Kartoffeln mit der Butter.
2. Erhitzen Sie etwas Wasser und blanchieren Sie 6-8 Weißkohlblätter nacheinander.
3. Schälen und schneiden Sie die Zwiebeln in kleine Würfel. Erhitzen Sie etwas Öl in der Pfanne und braten Sie die Zwiebeln glasig an. Vermengen Sie die zerstampften Kartoffeln mit Zwiebeln und geriebenem Parmesan. Schmecken Sie die Füllung mit Salz, Pfeffer und Parmesan ab.
4. Schneiden Sie den Strunk aus den Kohleblättern. Bedecken Sie die Blätter mit etwas Frischhaltefolie und flachen Sie diese mithilfe eines Rollholzes ab.
5. Platzieren Sie etwas Füllung in die Blätter und rollten Sie diese zunächst von den Seiten und dann von jeweils oben und unten ein. Zum Befestigen können Sie die Rouladen einfach zusammennähen.
6. Bepinseln Sie die Rouladen mit etwas Olivenöl ein. Heizen Sie den Grill vor und grillen Sie die Rouladen bei nicht zu hoher Hitze.

Notizen & Ideen

Dessert

Gegrillte Wassermelone

Dauer: 20 Minuten | Portionen: 6

Zutaten:

- Wassermelone – ½ Stück
- Brauner Zucker – 4 EL
- Limette – 1 Stück
- Minze – 1 Handvoll
- Olivenöl – 2 EL

Zubereitung:

1. Reiben Sie die Schale der Limette ab; achten Sie darauf, dass sie Bio-Qualität hat. Hacken Sie die Minze fein. Vermengen Sie Minze, Limettenschale und Zucker.
2. Schneiden Sie die Wassermelone zunächst in Scheiben und dann in Vierteln. Heizen Sie den Grill vor.
3. Bepinseln Sie die Wassermelonen mit etwas Olivenöl und grillen Sie diese bei nicht zu hoher Hitze ca. 2 Minuten lang.
4. Servieren Sie die gegrillten Wassermelonen mit Minz-Limetten-Zucker.

Gegrillte Erdbeeren am Spieß

Dauer: 20 Minuten | Portionen: 2

Zutaten:

- Erdbeeren – 500 g
- Honig – 4 EL
- Zitronensaft – 2 Zitronen
- Zitronenschale, gerieben – 2 EL

Zubereitung:

1. Waschen Sie die Erdbeeren, entfernen Sie die Stiele und schneiden Sie diese in Hälften.
2. Reiben Sie zunächst die Schale der Zitronen ab, pressen Sie anschließend den Saft aus. Vermengen Sie den Zitronensaft mit Honig und Zitronenschale.
3. Legen Sie die halbierten Erdbeeren in einen Gefrierbeutel und geben Sie die Marinade hinzu. Lassen Sie diese ca. 15 Minuten lang ziehen.
4. Heizen Sie den Grill vor. Stecken Sie die Erdbeeren auf einen Spieß und grillen Sie diese. Bepinseln Sie die Erdbeeren während des Grillens noch mit Honig, um das Aroma zu verstärken.

Gegrillte Feigen

Dauer: 20 Minuten | Portionen: 2

Zutaten:

- Frische Feigen – 8 Stück
- Weißwein – 100 ml
- Honig – 4 EL
- Zimt – 1 TL

Zubereitung:

1. Waschen und halbieren Sie die Feigen. Legen Sie die in einen Gefrierbeutel.
2. Vermischen Sie Weißwein und Honig sowie Zimt zu einer Marinade.
3. Geben Sie die Marinade zu den Feigen und lassen Sie diese ca. 15 Minuten lang im Kühlschrank ziehen.
4. Heizen Sie den Grill vor. Grillen Sie die Feigen mit der Schnittfläche nach unten ca. 5 Minuten lang.
5. Zum Servieren empfiehlt sich eine Käseplatte mit Blauschimmelkäse und Parmesan.

Notizen & Ideen

Gegrillte Pfirsiche

Dauer: 35 Minuten | Portionen: 2

Zutaten:

- Pfirsiche – 4 Stück
- Honig – 4 EL
- Minze – eine Handvoll
- Lavendel – 1 Zweig
- Joghurt – 200 ml
- Vanille – 1 Schote

Zubereitung:

1. Halbieren Sie die Pfirsiche und entnehmen Sie den Stein.
2. Vermengen Sie den Honig mit gehackter Minze und Lavendel sowie dem Orangen- und Zitronensaft. Lassen Sie diese ca. 30 Minuten lang im Kühlschrank ziehen.
3. Heizen Sie den Grill vor. Grillen Sie die Pfirsiche ca. 5-7 Minuten lang mit der Schnittfläche nach unten.
4. Kratzen die das Vanillemark und vermischen Sie es mit dem Joghurt.
5. Verteilen Sie den Joghurt auf zwei Portionen und toppen Sie diesen mit den gegrillten Pfirsichen.

Gegrillte Limonade

Dauer: 20 Minuten | Portionen: 4

Zutaten:

- Wasser – 4 Tassen
- Zuckersirup – 3 EL
- Zitronen – 4 Stück
- Zucker – 2 EL
- Olivenöl – nach Bedarf

Zubereitung:

1. Waschen Sie die Zitronen und schneiden Sie diese in Hälften.
2. Heizen Sie den Grill vor. Bepinseln Sie die Schnittflächen der Zitronen mit etwas Olivenöl und bestreuen Sie diese mit etwas Zucker.
3. Grillen Sie die Zitronen, bis die Schnittflächen karamellisiert sind.
4. Schneiden Sie die Zitronen in Scheiben.
5. Geben Sie das Wasser in eine Karaffe und lösen Sie darin den Zuckersirup auf. Fügen Sie die Zitronenscheiben hinzu. Lassen Sie die Limonade ca. 20-30 Minuten lang ziehen.
6. Für den Geschmack können Sie optional zwei-drei Zweige Minze hinzugeben.

Gegrillte Ananas-Mango-Spieße mit Vanilleeis

Dauer: 20 Minuten | Portionen: 2

Zutaten:

- Mango – 1 Stück
- Ananas – ½ Frucht, ohne Schale und Herz
- Honig – 3 EL
- Holzspieße – nach Bedarf
- Vanilleeis – 200 ml
- Zimt – 2 Prisen

Zubereitung:

1. Schälen Sie die Mango und schneiden Sie diese in grobe Stücke. Schneiden Sie das Fruchtfleisch der Ananas in ähnlich große Stücke.
2. Spießen Sie das Fruchtfleisch abwechselnd auf die Spieße. Heizen Sie den Grill vor.
3. Bepinseln Sie die Spieße mit Honig. Grillen Sie die Fruchtspieße ca. 5-7 Minuten lang. Bestreichen Sie die Spieße während des Grillens ab und zu mit Honig.
4. Verteilen Sie das Eis auf die Teller und bestreuen Sie diese mit Zimt. Servieren Sie die heißen Spieße zusammen mit dem Vanilleeis.

Gegrillte Ananas mit Kokoscreme

Dauer: 20 Minuten | Portionen: 4

Zutaten:

- Quark – 250 g
- Raffaelo – 10 Stück
- Vanilleextrakt – 1 EL
- Naturjoghurt – 150 ml
- Ananas – 1 Stück
- Honig – 4 EL

Zubereitung:

1. Schälen Sie die Ananas und befreien Sie diese vom Fruchtherz.
2. Schneiden Sie die Ananas in ca. 2 cm dicke Scheiben. Bepinseln Sie diese mit Honig.
3. Heizen Sie den Grill vor. Grillen Sie die Ananasscheiben, bis sich typische Grillscheiben bilden.
4. Geben Sie Joghurt, Quark, Vanilleextrakt und Raffaelo in einen Standmixer. Vermengen Sie alle Zutaten zu einer einheitlichen Creme.
5. Servieren Sie die gegrillten Ananasscheiben mit der abgekühlten Kokoscreme.

Notizen & Ideen

Haftungsausschluss

Dieses Buch enthält Meinungen und Ideen der Autorin und beabsichtigt den Lesern informatives und hilfreiches Wissen mit einem Unterhaltungscharakter zu vermitteln. Die enthaltenen Anleitungen und Strategien passen möglicherweise nicht zu jedem Leser, und es gibt keine Garantie dafür, dass sie auch wirklich bei jedem funktionieren. Die Benutzung dieses Buchs und die Umsetzung der darin ausgearbeiteten Informationen / Rezepte erfolgt ausdrücklich in eigener Verantwortung und Risiko. Das Werk, inklusive aller Inhalte, gewährt keine Gewähr oder Garantie für Korrektheit, Vollständigkeit, Qualität oder Aktualität der zur Verfügung gestellten Informationen. Fehlinformationen und Druckfehler sind nicht vollständig auszuschließen.

Impressum

Susanne Lindner-Kolinski in Vertretung von:

Simon B.

Innsbrucker Platz 3

10825 Berlin

Deutschland

Mail:

publisherself@gmail.com

Covergestaltung /-konzept:

oliviaprodesign | fiverr.com

Coverbilder Shutterstock.com

Abbildungsverzeichnis

https://thenounproject.com/term/film/1497288/
https://thenounproject.com/term/appetizer/1467706/
https://thenounproject.com/term/eggplant/95159/
https://thenounproject.com/term/zucchini/544448/
https://thenounproject.com/term/mushroom/1840841/
https://thenounproject.com/term/bell-pepper/1127165/
https://thenounproject.com/term/tomato/1695292/
https://thenounproject.com/term/olives/541432/
https://thenounproject.com/term/stinky-tofu/1377059/
https://thenounproject.com/term/sandwich/563513/
https://thenounproject.com/term/sandwich/180006/
https://thenounproject.com/term/salad/1842572/
https://thenounproject.com/term/salad/1106084/
https://thenounproject.com/term/cheese/283506/
https://thenounproject.com/term/roasted-chicken/1584511/
https://thenounproject.com/term/salad-with-shrimp/1594817/
https://thenounproject.com/term/eggplant/1066194/
https://thenounproject.com/term/chicken/114290/
https://thenounproject.com/term/salad/1700718/
https://thenounproject.com/term/breakfast/1131072/
https://thenounproject.com/term/muesli/1505906/
https://thenounproject.com/term/burger/1195589/
https://thenounproject.com/term/nectarine/1237855/
https://thenounproject.com/term/panini/852181/
https://thenounproject.com/term/bacon/4172/
https://thenounproject.com/term/meatballs/1722767/
https://thenounproject.com/term/cereal/761349/
https://thenounproject.com/term/platter/107126/
https://thenounproject.com/term/meat/90031/
https://thenounproject.com/term/steak/1579884/
https://thenounproject.com/term/ribs-on-grill/936553/
https://thenounproject.com/term/steak/1109968/
https://thenounproject.com/term/skewers/177711/
https://thenounproject.com/term/campfire/642399/
https://thenounproject.com/term/hamburger/1008003/
https://thenounproject.com/term/bundle/1043213/

https://thenounproject.com/term/pizza/684533/
https://thenounproject.com/term/t-bone-steak/1301682/
https://thenounproject.com/term/cheese/222433/
https://thenounproject.com/term/subway/1602940/
https://thenounproject.com/term/hamburger/507833/
https://thenounproject.com/term/hamburger/13441/
https://thenounproject.com/term/tofu/19989/
https://thenounproject.com/term/tomato/1695292/
https://thenounproject.com/term/salami/320891/
https://thenounproject.com/term/cutting-fish/891610/
https://thenounproject.com/term/fish-grill/969876/
https://thenounproject.com/term/fish/1141964/
https://thenounproject.com/term/salmon/231883/
https://thenounproject.com/term/fish/320873/
https://thenounproject.com/term/fish/39009/
https://thenounproject.com/term/bream/854446/
https://thenounproject.com/term/squid/469942/
https://thenounproject.com/term/vegetarian/537182/
https://thenounproject.com/term/chard/666036/
https://thenounproject.com/term/asparagus/1530347/
https://thenounproject.com/term/cheese/580789/
https://thenounproject.com/term/bagel/1215315/
https://thenounproject.com/term/cheese/1584429/
https://thenounproject.com/term/sweet-potato/1238523/
https://thenounproject.com/term/tomato/834438/
https://thenounproject.com/term/eggplant/666037/
https://thenounproject.com/term/cabbage/621631/
https://thenounproject.com/term/dessert/1130864/
https://thenounproject.com/term/watermelon/1763250/
https://thenounproject.com/term/strawberry/846662/
https://thenounproject.com/term/fig/446898/
https://thenounproject.com/term/peach/544096/
https://thenounproject.com/term/lemonade/1347948/
https://thenounproject.com/term/pinc-applc/1642039/
https://thenounproject.com/term/coconut/695832/
https://thenounproject.com/term/alert/1730089/

30820344R00066

Printed in Poland
by Amazon Fulfillment
Poland Sp. z o.o., Wrocław